NICOLAS DE CONDORCET

La défense de la Révolution et de la république des Lumières

Par Mélanie Mettra

50MINUTES.fr

NICOLAS DE CONDORCET

INTRODUCTION

Le nom de Nicolas de Condorcet fait partie des références quotidiennes pour de nombreux Français qui, tous les jours, prennent place sur les bancs des collèges et lycées qui lui rendent hommage. S'il est bien à l'origine d'un projet d'instruction publique sans précédent, l'étendue de l'œuvre de cet homme de la Révolution, mort en prison et non sous le fer de la guillotine comme beaucoup de ses contemporains, est mal connue.

Orphelin de père, élevé par une mère dont la dévotion confine à la superstition, le jeune Condorcet, sous des dehors de timidité et de gentillesse, va se forger un caractère obstiné. Passionné par les mathématiques, il parvient à force d'acharnement à échapper à la carrière militaire qui lui était destinée et entre à l'Académie des sciences alors qu'il n'a que 26 ans. Sa discrétion, dans les salons où il fréquente les plus grands intellectuels de son époque, cède progressivement à la passion face à ses adversaires sous la Révolution. Nourri de la philosophie des Lumières et investi dans la vie politique, il élabore de nombreux projets, tant dans le domaine du commerce, des transports, que contre l'esclavage ou encore dans la défense des droits des femmes et de la tolérance religieuse. Il rédige une nouvelle constitution pour la république qu'il a appelée de ses vœux alors que ses concitoyens ne rêvaient encore que d'une monarchie constitutionnelle. Mais le couperet de la Terreur ne l'épargne pas. Mis en accusation pour avoir refusé la peine de mort prononcée lors du procès de Louis XVI (1754-1793) et pour avoir rejeté violemment la constitution montagnarde de 1794, il vit près d'un an dans la clandestinité. Il rédige alors une ultime œuvre magistrale, *Esquisse d'un tableau historique des progrès de l'esprit humain*, véritable profession de foi de cet homme héritier des Lumières et précurseur d'un humanisme reposant sur la liberté et l'égalité. Arrêté le 27 mars, il meurt deux jours plus tard dans sa cellule.

DONNÉES CLÉS

- **Naissance ?** Le 17 septembre 1743 à Ribemont (France).
- **Mort ?** Le 29 mars 1794 à Bourg-la-Reine (France).
- **Apports majeurs ?**
  - L'application des mathématiques à la politique.
  - La défense de la république.
  - La lutte pour l'abolition de la peine de mort, ainsi que pour une instruction laïque et gratuite.

BIOGRAPHIE

UNE ENFANCE MARQUÉE PAR LA RELIGION

Marie Jean Antoine Nicolas de Caritat, marquis de Condorcet est né le 17 septembre 1743, d'un père capitaine de cavalerie en garnison à Ribemont (Aisne, France), Antoine de Caritat (mort en 1743), et d'une jeune veuve épousée en mars 1740, Marie Madeleine Gaudry. De nature fragile et empreinte d'une grande piété, la mère de Nicolas de Condorcet est veuve une seconde fois un mois seulement après l'avoir mis au monde et l'élève seule avec le tutorat lointain de son beau-frère, Jacques-Marie de Caritat (1703-1783), évêque de Gap. Après avoir reçu des rudiments d'instruction délivrés à domicile par un précepteur jésuite, il intègre à l'âge de 11 ans le collège des Jésuites de Reims. Il y passe quatre années à subir la surveillance inquisitrice, les vexations et les punitions de l'ordre religieux, tout en n'y trouvant aucune satisfaction intellectuelle. Cette période fait naître chez

Nicolas de Condorcet une rancune tenace vis-à-vis de la religion catholique et l'amorce d'une conscience pédagogique qui repose sur l'intérêt des élèves et le respect des individus, loin du système d'humiliation des institutions religieuses.

LA DÉCOUVERTE DES MATHÉMATIQUES

En 1758, Condorcet quitte Reims pour gagner Paris et étudier au collège de Navarre, dont la réputation repose sur la qualité de ses enseignements scientifiques. Il y découvre les mathématiques et la physique qui deviendront la passion de ses années d'adolescence et de jeune adulte. De retour à Ribemont après avoir obtenu son baccalauréat, il se heurte à la volonté familiale de le voir poursuivre une carrière militaire. Après trois ans de refus obstiné, il obtient gain de cause et retourne à Paris pour devenir géomètre. Hébergé par son maître, l'abbé Georges Girault de Kéroudon, Condorcet mène une vie d'ascète entièrement consacrée aux mathématiques en accord avec son caractère timide. En 1764, alors qu'il n'a que 21 ans, il soumet à l'Académie des sciences un premier mémoire dont le rapporteur n'est autre que d'Alembert (philosophe et mathématicien français, 1717-1783). C'est le début d'un intérêt mutuel destiné à se transformer en une amitié profonde. La publication en 1765 de son traité intitulé *Du calcul intégral*, suivi deux ans plus tard par *Du problème des trois corps* et sa participation aux *Mémoires de Turin* entre 1766 et 1769 lui ouvrent les portes de l'Académie des sciences le 25 février 1769. Il accède au grade d'associé le 15 décembre 1770.

L'ÂGE DES AMITIÉS ET DE LA PHILOSOPHIE

Son amitié avec d'Alembert offre au timide et discret Condorcet la compagnie d'intellectuels qui vont marquer le développement de sa pensée philosophique. La compagne de d'Alembert, Julie de Lespinasse (femme de lettres et philosophe française, 1732-1776) tient un salon auquel Condorcet participe, et où il rencontre Jean-Jacques Rousseau (écrivain et philosophe français, 1712-1778), Étienne Charles de Loménie de Brienne (prélat et contrôleur général des Finances, 1727-1794), Condillac (philosophe français, 1714-1780) et surtout Turgot (philosophe, économiste et contrôleur général des Finances, 1727-1781). En 1770, à la suite d'un épisode dépressif de d'Alembert, ce dernier et Condorcet décident d'effectuer un voyage d'agrément au cours duquel ils rencontrent Voltaire (écrivain et philosophe français, 1694-1778).

Au contact de ces brillants esprits, Condorcet développe sa pensée philosophique, héritée de son expérience de jeunesse, de sa méfiance envers les puissants, qu'ils soient publics ou religieux, de ses convictions au sujet de la liberté de pensée, des privilèges et des inégalités, et surtout de l'importance de l'instruction et du savoir. Il entre à l'Académie française le 21 janvier 1782.

L'ENTRÉE EN POLITIQUE

Ses rencontres au salon de Julie de Lespinasse et la vie politique houleuse de cette fin de XVIIIe siècle font sortir Condorcet de sa retraite consacrée aux mathématiques. Même s'il poursuit ses recherches, en travaillant notamment sur les statistiques, science nouvelle, il entre au gouvernement aux côtés de Turgot quand celui-ci est nommé contrôleur général des Finances en août 1774. Il concentre alors son travail sur le commerce, dont il défend la liberté.

Accédant à la fonction d'inspecteur des Monnaies en 1775, il se penche sur la réforme des poids et mesures. Mais les mauvaises récoltes et les soulèvements populaires qu'elles suscitent, ainsi que ses prises de position contre les corvées, incriminant ainsi les privilèges nobiliaires, ont raison de Turgot, qui est contraint de démissionner en mai 1776. Condorcet, même s'il est maintenu à son poste jusqu'en 1790, retourne à ses premières amours et participe, entre 1776 et 1777, à la rédaction de la partie mathématique du supplément à la réédition de l'*Encyclopédie* à la demande de d'Alembert. À la mort de ce dernier en 1783, il reprend sa correspondance avec Frédéric II de Prusse (1712-1786) et est admis aux Académies des sciences prussienne et russe.

Dans le même temps, il écrit des pamphlets dénonçant l'esclavage et la peine de mort, s'intéresse à la révolution américaine et se lie d'amitié avec La Fayette (homme politique français, 1757-1834). C'est au cours de l'un de ses combats pour la réforme de la législation criminelle, suite au procès de trois paysans accusés à tort de vol avec violence, qu'il rencontre celle qui deviendra son épouse, Sophie de Grouchy (1764-1822). Le mariage a lieu le 28 décembre 1786. Celle-ci, par le salon qu'elle tient et ses œuvres de traduction d'ouvrages britanniques et américains, va jouer un rôle déterminant dans les combats politiques que mènera Condorcet durant la Révolution française.

LA RÉVOLUTION FRANÇAISE

Lorsque s'annonce la réunion des États généraux (1789), Condorcet expérimente la pratique politique. Il se présente aux élections des représentants à Mantes et à Paris, mais échoue. Il est finalement élu le 18 septembre à la mairie de Paris dans le quartier de Saint-Germain.

C'est également à cette époque qu'il adhère au club des jacobins, tout en créant sa propre société en avril 1790, où se réunissent des hommes politiques, comme Jean Sylvain Bailly (1736-1793), Talleyrand (1754-1838) ou encore Bertrand Barère (1755-1841), et des hommes de sciences et de lettres, tels que Lavoisier (chimiste français, 1743-1794) ou André Chénier (poète français, 1762-1794). Il s'épuise dans une activité intellectuelle et rédactionnelle intense, présentant de nombreux projets, écrivant plusieurs articles dans divers journaux, dont celui de sa société, ou encore dans les Chroniques de Paris où il rend compte du quotidien de l'Assemblée entre 1791 et 1793. Dans ses pamphlets et ses manifestes, il défend toujours l'abolition de l'esclavage, de la peine de mort, prend le parti des femmes, des protestants, des juifs, dont il prône l'accès à la citoyenneté.

Après la fuite de la famille royale et son arrestation à Varennes (21 juin 1791) en raison de la révolte populaire, Condorcet appelle à l'instauration de la république. Ses prises de position audacieuses, même dans cette époque de bouleversements, lui valent la perte de nombre de ses amis, aussi bien Français qu'étrangers, et des inimitiés profondes, en particulier dans les rangs des jacobins et des montagnards à l'Assemblée. Proche des girondins, même s'il s'en détache progressivement à partir de 1793, Condorcet est élu député de l'Aisne en septembre 1791 à la nouvelle Assemblée législative. Il intègre d'abord le comité d'instruction publique, où il met sur pied un projet ambitieux, avant d'être élu président de l'Assemblée en février 1792.

En septembre de la même année, suite à la déchéance du roi – dont il rejette la condamnation à mort – et à la proclamation de la république, il est intégré au comité chargé de la rédaction de la nouvelle constitution française. Son texte, quoique jugé trop complexe, est adopté par le comité, mais se voit rejeté au printemps 1793 par l'Assemblée qui lui préfère celui proposé par les jacobins du Comité de salut public. En juillet, du fait de ses sympathies girondines et de ses critiques virulentes à l'égard de la nouvelle constitution, Condorcet est mis en accusation. Caché chez une amie, il rédige clandestinement l'*Esquisse d'un tableau historique des progrès de l'esprit humain*. En mars 1794, alors que ses biens ont été confisqués et qu'il a été déclaré hors la loi (ce qui signifie la peine de mort sans jugement), il quitte son abri de crainte de compromettre son hôtesse. Il est aussitôt arrêté et emprisonné à Bourg-la-Reine (devenu Bourg-Égalité). Il meurt dans sa cellule deux jours plus tard, le 29 mars.

CONTEXTE

LE SIÈCLE DES LUMIÈRES

Au XVIIIe siècle apparaît en Europe un nouveau courant de pensée, nourri des avancées techniques et scientifiques que connaît le continent. Reposant sur le rationalisme, la foi dans le progrès matériel et humain, la philosophie des Lumières (par opposition à la noirceur de l'obscurantisme) se passionne pour la connaissance, le savoir et leur diffusion. Elle s'intéresse aussi bien à la nature, permettant le développement de la biologie, de la botanique – comme en témoigne la publication en 1749 de la magistrale *Histoire naturelle* de Georges Louis Leclerc de Buffon (naturaliste français, 1707-1788) –, mais aussi de la physique et de la chimie, dans lesquelles s'illustrent de grands noms, comme Lavoisier ou Benjamin Franklin (physicien, naturaliste et homme d'État américain, 1706-1790).

L'*Encyclopédie* est emblématique de ce mouvement. Devant être à l'origine un dictionnaire des arts et des sciences inspiré d'un ouvrage anglais, le traducteur, qui n'est autre que Diderot (philosophe français, 1713-1784), transforme le projet en une création originale, un dictionnaire raisonné, c'est-à-dire tout à la fois le compte-rendu historique et organisé de toutes les réalisations humaines dans tous les domaines, et le regard philosophique porté sur celles-ci. Il fait appel à de nombreux collaborateurs, de tous horizons, comme tout d'abord d'Alembert, mais également Rousseau, Voltaire, Turgot et Condorcet lui-même.

Les articles reprennent les principales positions des philosophes des Lumières. Ceux-ci défendent la liberté dans tous les domaines. Les physiocrates préconisent la non-intervention de l'État dans l'économie, la suppression de toutes les servitudes (corvées, impôts et taxes) afin d'accéder à une liberté du commerce et de l'industrie totale ainsi que l'accès à une propriété et à la jouissance de la terre par ceux qui la travaillent. Voltaire, quant à lui, s'implique dans les affaires judiciaires relevant de l'intolérance religieuse qui sévit contre les protestants ou les blasphémateurs, et les dénonce. Si certains optent pour une position déiste et d'autres pour l'athéisme, les philosophes des Lumières sont tous d'accord sur la nécessité de se débarrasser des carcans de la religion pour arriver à une pleine liberté de conscience dans une société laïque.

En politique, la liberté individuelle conduit à trouver la légitimité du pouvoir en chaque individu et donc à favoriser la représentativité de la volonté générale contre l'autoritarisme d'une oligarchie. Concrètement, cette pensée provoque en France le rejet par de nombreux penseurs de tous les liens de domination – vestiges du système féodal – qui existent entre les nobles et le peuple. L'ensemble de ces libertés individuelles s'incarne dans les droits de l'homme, qui sont à la fois inaliénables et universels. Ils doivent donc s'appliquer à tous les hommes et à toutes les femmes de toutes les conditions. Ainsi les Lumières, dans la lignée de Montesquieu (écrivain français, 1689-1755), de Rousseau ou de Louis de Jaucourt (philosophe français, 1704-1780), dénoncent l'esclavage, la peine de mort et la torture. La pensée philosophique du XVIIIe siècle est avant tout une remise en question de l'ordre établi, un encouragement à la pensée critique et à la réforme, pour le progrès de chacun et de la société dans son ensemble, pour accéder au bonheur individuel et au bien commun.

UN ROYAUME
AU BORD DU GOUFFRE

Lorsque Condorcet prend en 1774 ses fonctions d'inspecteur des finances aux côtés de son ami Turgot, Louis XVI vient tout juste d'accéder au trône de France. Bénéficiant d'abord d'une relative prospérité, ou tout du moins épargné par les grandes épidémies et les crises alimentaires majeures, la fin du règne de Louis XV (1710-1774) est pourtant marquée par le discrédit. Les échecs militaires contre l'Angleterre, la lourdeur des impôts, la sclérose des ordres qui entretiennent les inégalités et freinent le développement économique et politique, suscitent un mécontentement qui, sans être nouveau, se manifeste de façon de plus en plus criante dans une population qui aspire à des idéaux relayés par les philosophes des Lumières.

Durant les premières années de son règne, Louis XVI tente de se rapprocher d'une vision plus moderne de l'État. Il envoie des troupes pour soutenir les Américains dans la guerre d'indépendance (1775-1782) qui les oppose à l'Angleterre – même s'il agit plus par volonté d'attaquer son ennemi héréditaire que par conviction réelle du droit des peuples à se gouverner eux-mêmes –, et désigne des ministres empreints de l'esprit des Lumières. Mais la crise financière que traverse le pays a raison de ses premières intentions. En effet, la guerre, les mauvaises récoltes et une gestion désastreuse plongent l'État dans un gouffre financier. Les recettes sont inférieures aux dépenses, dont la moitié est consacrée à payer les emprunts faits pour tenter de renflouer les caisses. Une réforme en profondeur de la fiscalité est donc nécessaire. Mais les élans de Turgot, dont Condorcet sera l'un des conseillers et des inspecteurs des Monnaies, puis de Jacques Necker (homme d'État et financier suisse, 1732-1804) qui lui succède en 1776, sont brisés par l'attitude hostile des parlements qui craignent de perdre leurs privilèges. Charles Alexandre de Calonne (homme d'État français, 1734-1802) tente de contourner ces derniers en demandant la réunion de l'assemblée des notables, qui n'avait plus été réunie depuis les années 1626 et 1627. Mais, celle-ci s'oppose également aux propositions de réformes, et en particulier à la création d'un nouvel impôt qui touche directement les plus riches. Les successeurs de Calonne, qu'il s'agisse de Loménie de Brienne ou de Necker, qui est rappelé en 1788, ne parviennent pas non plus à imposer leurs vues. Face à la fronde du Parlement de Paris et des parlements de province qui fait suite à la tentative de Louis XVI d'imposer sans consultation ses propres décisions, ce dernier est contraint de réunir les États généraux afin qu'ils votent les réformes proposées.

LES DÉBUTS DE LA RÉVOLUTION ET L'AVÈNEMENT DE LA TERREUR

Cette réunion, qui s'ouvre en mai 1789, est loin d'avoir le résultat escompté, puisqu'au lieu de résoudre les problèmes du royaume, elle en précipite la chute. En effet, en raison de la menace d'un vote par ordre qui le mettrait en minorité, le tiers état (citoyens qui n'appartiennent ni au clergé, ni à la noblesse) se dissocie du reste de l'assemblée et se réunit en Assemblée constituante dans la salle du Jeu de paume le 20 juin. Dans le même temps, la population parisienne se soulève et s'empare des armes de la Bastille le 14 juillet. Le 4 août, les privilèges sont abolis et la Déclaration des droits de l'homme est promulguée. Alors que la majorité des membres de l'Assemblée constituante travaillent sur un texte instituant une monarchie constitutionnelle, des voix, dont celles de Condorcet, commencent à se faire entendre au sujet d'un projet de république.

La vie intellectuelle et politique bat son plein dans les salons et les clubs, et s'affiche dans les journaux et les pamphlets. Véritable animatrice des débats à la Constituante, elle est le moteur des réformes, mais aussi de la radicalisation des prises de position. Autre organe puissant d'influence et de contestation, la Commune de Paris est créée au lendemain de la prise de la Bastille, avec à sa tête Jean Sylvain Bailly. Deux représentants par district de la ville y sont élus.

À l'automne 1789, la Commune se rend aux côtés des Parisiens à Versailles et en ramène la famille royale, qui est ensuite maintenue en résidence surveillée au palais des Tuileries. Sa fuite en juin 1791 et son arrestation contraignent le roi à adopter la Constitution en septembre. L'Assemblée législative, qui fait suite à l'Assemblée constituante dont les travaux sont terminés de fait par l'adoption de la nouvelle constitution, est dominée par les girondins. Ce groupe politique, qui défend la Révolution, tout en tentant de se dissocier des mouvements populaires qu'il juge trop imprévisibles et violents, et qui prône une monarchie constitutionnelle, s'oppose à celui des montagnards, farouches opposants de la monarchie, animé par le club des jacobins et les sections parisiennes. En 1792, les girondins, parmi lesquels ont été choisis, par Louis XVI, les ministres du Gouvernement, font voter par l'Assemblée la déclaration de guerre à l'Autriche. Mais les défaites militaires et la peur de l'envahissement provoquent l'insurrection des sections parisiennes le 10 août et les massacres de Septembre. Le roi est arrêté, enfermé à la prison du Temple puis condamné à mort et guillotiné le 21 janvier 1793. Dans le même temps, une guerre oppose la France à la quasi-totalité de l'Europe, tandis que sur son propre territoire la guerre civile en Vendée fait rage. Au printemps 1793, à l'Assemblée, les montagnards procèdent à l'élimination de la Gironde, et, à l'automne, ils déclarent la patrie en danger et mettent la Terreur à l'ordre du jour. De nombreux hommes politiques et intellectuels, dont Condorcet, n'échapperont pas au couperet de la justice terroriste.

LES MATHÉMATIQUES
AU SERVICE DE LA VIE POLITIQUE

Condorcet est avant tout un scientifique, un mathématicien. Mais en homme de son temps, imprégné de la philosophie des Lumières et héritier de l'humanisme de la Renaissance, il conçoit son activité comme étant au service de la société. Celle-ci forme un tout, et chacun de ses aspects, sociaux, moraux et politiques, se doivent d'être connus par tous les moyens offerts par la raison.

Les sciences ne se dissocient pas de la politique. Les deux disciplines, qui ont en commun l'exercice de l'esprit critique, cheminent de pair vers le progrès de l'homme. Aussi Condorcet est-il à l'origine des mathématiques sociales qui reposent sur trois principes : faire du fait humain une connaissance, rationalisable par les sciences, afin d'en élaborer une technique de contrôle. Le 22 juin et le 6 juillet 1793, quelques jours avant sa mise en accusation, il publie dans le *Journal d'instruction sociale* qu'il a créé avec Emmanuel Joseph Sieyès (homme politique français, 1748-1836), un *Tableau de la science* ayant pour objet l'application du calcul aux sciences politiques et morales, dans lequel il définit cette nouvelle discipline qu'il développe depuis les années 1760. Selon Condorcet, les faits peuvent être traduits en calculs (dont la précision dépasse la simple intuition), permettant ensuite de modéliser des situations pour en faire des outils de prévision et d'organisation des événements futurs. Il applique ainsi cette « arithmétique politique », définie au début des années 1770, à la justice, en écho aux affaires qui agitent le monde judiciaire et dont Voltaire se saisit. En effet, elle peut permettre de déterminer la composition des tribunaux de façon à obtenir des procès et des verdicts plus justes, et éviter ainsi les erreurs judiciaires. Grâce à un jury le plus nombreux possible et le plus représentatif de la situation sociale de l'accusé, la probabilité d'erreur est réduite et celle de s'approcher de la vérité est augmentée.

Cette analyse s'applique également au système électoral. Dans son *Essai sur l'application de l'analyse à la probabilité des décisions rendues à la pluralité des voix* (1785), il démontre que plus l'électorat est important et les variables bien déterminées, plus le choix de ses représentants se rapprochera de la volonté générale. Condorcet, sous le nom de « mathématiques sociales », fait entrer les statistiques et les probabilités, jusque-là encore très rudimentaires et restreintes à quelques domaines comme les jeux de hasard, dans les sciences sociales. Grâce à la collecte généralisée et organisée de données, il propose de déterminer les influences extérieures (climat, profession, lieu de vie, instruction) sur les comportements naturels et sociaux, comme la durée de vie ou le vote. Le calcul permet d'établir des « co-existences » (aujourd'hui nommées « corrélations ») entre différentes données.

Cette importance de la collecte des données et leur nécessaire classification, accompagnée chez Condorcet du souci de définir une langue universelle, entre la langue commune et le langage scientifique, le conduit à élaborer un système de classification précurseur de celui de Dewey. Il propose en effet d'appliquer à chaque donnée deux indices décimaux correspondant à des variables qui permettent de repérer immédiatement ses principales qualités.

LE SYSTÈME DE CLASSIFICATION DE DEWEY

Inventé dans les années 1870 par Melvil Dewey (bibliothécaire américain, 1851-1931), le système éponyme désigne une méthode de classification des ouvrages d'une bibliothèque. Ceux-ci sont répartis dans 10 classes, de 000 à 900, chaque classe correspondant à un domaine (histoire, beaux-arts, économie, religion, etc.). Chacune comporte elle-même 10 divisions. Ainsi, la classe 100 représente la philosophie, 110 la métaphysique, 150 la psychologie, etc. Chacune est ensuite divisée une nouvelle fois pour mener à des domaines de plus en plus précis. À la fois outil de classification précis et langage universel puisqu'appliqué dans toutes les bibliothèques et centres documentaires du monde, il aurait sans doute fait la joie de Condorcet.

L'INSTRUCTION, OUTIL DE LIBÉRATION DES HOMMES

Dans l'esprit de Condorcet, la conquête de la liberté de chaque homme passe par l'exercice de l'esprit critique, qui ne peut lui-même être aiguisé que par l'instruction. Partant de cette idée, il rédige un manuel d'enseignement novateur, publié de manière posthume par son épouse Sophie de Grouchy en 1799. Il comporte une partie dédiée à l'élève et une autre à l'enseignant, et repose sur une vraie vision pédagogique de l'accompagnement des élèves dans la prise de conscience de leur propre cheminement intellectuel.

Ce manuel est en quelque sorte la conclusion pratique d'un long travail, qui remonte à ses propres années d'études. Marqué par les humiliations et l'absence de relations pédagogiques entre ses professeurs jésuites et leurs élèves, il défend une instruction qui développe la curiosité et la capacité de remettre en question le monde, se dégageant de l'apprentissage aveugle de savoirs figés transmis par des autorités indiscutables. En 1774, il avait déjà proposé une réforme de la recherche scientifique afin de stimuler l'activité des académies provinciales et d'obtenir une meilleure coordination des échanges entre Paris et la province. Mais son mémoire reste lettre morte, rejeté par des pouvoirs locaux qui ne souhaitent pas perdre leur influence sur les postes provinciaux.

Lorsqu'il est élu le 26 septembre 1791 à l'Assemblée législative, il entre au comité d'instruction publique. La Constitution de 1791 prévoit en effet une instruction commune à tous, dont les enseignements essentiels (la lecture, l'écriture et le calcul) seraient dispensés gratuitement. Le comité se charge donc d'en établir le projet d'organisation. Condorcet, qui en est à la fois le rédacteur principal et le rapporteur, le présente à l'Assemblée le 20 avril 1792. Il repose sur l'égalité des moyens donnés à chaque enfant pour accéder à la connaissance et, par-là, se forger son propre destin, selon ses dispositions naturelles. Il reconnaît à tous, enfants comme adultes, hommes comme femmes, le même droit au savoir tout au long de la vie. Concrètement, le projet s'articule autour d'une école primaire ouverte aux enfants de 6 à 10 ans, où seraient enseignés la lecture, l'algèbre ainsi que des rudiments de morale et de sciences. L'école secondaire, quant à elle, accueillerait des élèves de 10 à 16 ans et son champ d'enseignement s'étendrait à l'histoire, la géographie, les arts mécaniques, le dessin, les sciences mathématiques, physiques, naturelles et à la morale. Puis viendraient les instituts (équivalents des lycées français) et les lycées (équivalents des universités). L'ensemble de cet édifice serait chapeauté par une Société nationale des sciences et des arts, qui remplacerait toutes les académies.

La gratuité serait assurée et un système de bourses pour les plus démunis mis en place. La laïcité est également posée en principe. L'école devant être un instrument de libération des esprits de toute doctrine, elle se doit d'être émancipée de l'autorité religieuse, mais également de tout dogme intellectuel ou pédagogique. Mais ce plan d'instruction des futurs citoyens libres est soumis à l'Assemblée le même jour que la déclaration de guerre du royaume de France à l'Autriche, et se voit donc ajourné. Dans le climat de tensions politiques qui marque les mois qui suivent, le projet, vivement critiqué parce que reposant sur une élite intellectuelle (qui composerait la Société nationale) et donc non égalitaire, est abandonné.

DÉFENDRE LA LIBERTÉ : UN ESPRIT DES LUMIÈRES

Que ce soit par la connaissance, le savoir ou la rationalisation, Condorcet n'a qu'un seul leitmotiv : la liberté et l'égalité des hommes. Il dénonce tout au long de sa vie toutes les institutions qui l'entravent. Son premier combat se porte contre l'Église, poussé en cela par son expérience malheureuse chez les jésuites. Entre 1773 et 1774, il rédige des centaines de pages dénonçant l'oppression catholique exercée sur ses fidèles, les massacres perpétrés en son nom, que ce soit en Terre sainte ou contre les protestants et les juifs. Cette critique ne le mène toutefois pas sur la voie de l'athéisme – puisqu'il s'agit là d'une position doctrinaire, ce à quoi il se refuse –, mais il prône la liberté de conscience. Son combat trouve un écho dans la Déclaration des droits de l'homme et dans l'octroi de la citoyenneté aux protestants en 1789 et aux juifs français en 1791.

L'égalité prévue dans la Déclaration des droits de l'homme n'est encore, à la fin du XVIIIe siècle, conçue que pour les citoyens masculins. En 1790, dans son traité intitulé *Sur l'admission des femmes au droit de cité*, Condorcet demande l'accès à la citoyenneté des femmes, pointant l'absurdité de leur démentir toutes qualités politiques alors même qu'elles exercent, dans d'autres pays, les fonctions de reine ou d'impératrice, repoussant l'argument de leurs grossesses comme les privant de leur faculté de jugement et levant même le reproche fait habituellement à la sentimentalité féminine que Condorcet attribue avant tout à un manque d'éducation qu'il est possible de pallier par l'instruction.

Très tôt également, il s'insurge contre la peine de mort, insistant sur l'hypocrisie de punir un crime par une procédure elle-même criminelle. Dans sa correspondance avec son ami Turgot, à la fin des années 1760 et au début de 1770, il défend l'abolition de la torture, l'instruction publique des procès, le choix des jurés par tirage au sort, s'appuyant sur le modèle britannique de la justice criminelle. Son refus de voter la condamnation à mort de Louis XVI lui attire les foudres des montagnards, qui y voient là une sympathie déguisée pour la monarchie.

Un autre grand combat de Condorcet est celui pour l'abolition de l'esclavage. Héritier de Montesquieu et de Voltaire, il publie en 1774 des *Remarques sur les pensées de Pascal*, puis en 1781 des *Réflexions sur l'esclavage des nègres* (publié en Suisse sous le pseudonyme de Joachim Schwartz), dans lesquels il expose sa vision de l'esclavage. Il dénonce un crime commis par les plus forts sur les plus faibles favorisant l'enrichissement personnel de quelques privilégiés, grâce à l'économie produite par l'absence de salaires. Pour y remédier, il propose que les esclaves cultivent les terres comme des fermiers ou des ouvriers. Pour donner corps à ses paroles, il intègre dès 1789 la Société des amis des Noirs, fondée un an plus tôt, et en devient président en 1790. Cependant, la position de la Société sur l'esclavage est ambiguë. Dénonçant la traite d'êtres humains, elle estime par contre l'esclavage encore nécessaire d'un point de vue économique. Condorcet se distingue néanmoins de ses confrères par la proposition d'un affranchissement graduel lié à une éducation préalable. Mais, ce faisant, ils s'attirent la haine féroce des planteurs et des sociétés coloniales. Ces dernières les jugent en effet responsables des révoltes qui soulèvent les populations noires et mulâtres de Saint-Domingue, et reprochent à Brissot (homme politique français, 1754-1793) sa prise de position contre le décret du 24 septembre 1791 donnant tout pouvoir aux assemblées coloniales pour statuer sur les hommes de couleur (mulâtres).

PENSER LA RÉPUBLIQUE

Les idéaux d'égalité et de liberté de Condorcet et son rejet profond de toute forme d'oppression et d'humiliation ne pouvaient se satisfaire d'une monarchie, fût-elle constitutionnelle. Contrairement à ce que lui reprochent ses opposants jacobins et montagnards, il est un républicain de longue date et non de circonstance. Admirateur de la révolution américaine, ce qui le rapproche de La Fayette, mais également de Benjamin Franklin et de Thomas Paine (écrivain et homme politique anglais, 1737-1809), il développe très tôt une pensée politique républicaine. S'il s'accommode dans un premier temps de la monarchie, la défendant même lors de la révolte des parlements entre 1750 et 1775 et en 1788 – ne considérant pas la révolte des parlementaires comme une opposition au despotisme, mais plutôt comme une volonté de défendre leurs privilèges –, il n'est pas satisfait des premières réalisations révolutionnaires, qu'il juge trop vagues et modérées. La Déclaration des droits de l'homme le déçoit également, et il critique les dispositions constitutionnelles qui prévoient une chambre haute ayant à la fois un rôle délibératif et décisionnel. S'il approuve l'abolition des privilèges, il l'estime trompeuse, ceux-ci continuant à sévir sous des formes moins immédiatement visibles. Il regrette de même le maintien du lien entre la fiscalité et le droit de vote proposé par Sieyès, dont il est pourtant proche.

Il élabore cette pensée et la confronte à celle de ses contemporains dans les salons qu'il fréquente, comme celui de Julie de Lespinasse, mais surtout dans ceux qu'il crée et anime, en particulier avec sa femme. Ainsi, à l'automne 1788, la société des trente qui regroupe intellectuels et parlementaires est une forme de club de réflexion et un outil d'influence de la vie politique. Le 12 avril 1790, il crée la société de 1789, réservée à une élite composée de philosophes, d'hommes politiques et de scientifiques, dont la mission est l'élaboration d'une constitution libre.

Il expose finalement sa position fermement républicaine après la fuite de la famille royale à Varennes, et fonde en juin 1791, avec Thomas Paine, une société républicaine. Refusant de remettre à la tête du pays un roi traître et parjure, il fait placarder son manifeste appelant la population à se prononcer pour la république sur tous les murs de la capitale. Suite à cela, Condorcet est hué à l'Assemblée, qui est favorable au maintien de la monarchie constitutionnelle, seule garante d'une certaine stabilité. Il perd ainsi quelques amis, dont La Fayette qui s'est rapproché de la famille royale, et est accusé d'être à l'origine de la fusillade du Champ-de-Mars qui s'est produite le 17 juillet 1791. Alors que des pétitionnaires, motivés selon certains par l'appel de Condorcet, manifestaient pour demander la participation populaire aux processus de décision sur le Champ-de-Mars, la garde nationale tire sur la foule, causant la mort d'une dizaine de personnes.

CONSTRUIRE LA RÉPUBLIQUE

Entre 1774 et 1790, lors de sa collaboration avec Turgot en tant que conseiller puis inspecteur général des Finances, Condorcet tente de mettre en place les bases d'une société libérale, toujours en recourant à sa vision progressiste de l'homme et à son savoir scientifique. Dans l'optique de favoriser le commerce et de promouvoir la libre circulation et le libre échange des denrées, en particulier le blé, il s'intéresse aux canaux et, par là, à la science hydraulique et à la mécanique des fluides. Il préconise la suppression des moulins sur le bord des canaux qui gênent la progression des navires, propose le creusement d'un canal reliant la Loire et la Seine, et travaille sur le canal de Briare dont il augmente le rendement. Le 13 septembre 1774, le ministère de Turgot parvient à obtenir un arrêté du Conseil établissant la liberté du commerce des grains et des farines.

Chargé de l'unification des poids et mesures, Condorcet coordonne le recueil des informations locales auprès des intendants provinciaux et propose l'adoption comme unité de mesure de la longueur du pendule battant la seconde à la latitude 45° au-dessus du niveau de la mer. Il prépare toutes les tables de conversion avec les unités jusque-là utilisées. Ce projet, abandonné du fait de la disgrâce de Turgot, va néanmoins trouver sa pleine réalisation lorsqu'en 1791, une commission de l'Académie des sciences, dont fait partie Condorcet, propose un système décimal pour les poids et mesures, avec pour étalon le mètre, unité de longueur correspondant au dix-millionième du quart du méridien terrestre (du pôle Nord à l'Équateur).

En 1775, il soutient Turgot qui prépare des édits libéraux, dont un visant à supprimer la corvée, dans un texte virulent dénonçant les plus riches qui préfèrent exploiter la force de travail des plus pauvres que de donner un peu de leur superflu.

Au moment où se déclenchent les premiers événements de la révolution à venir, Condorcet s'implique dans la vie politique en se présentant aux élections. Si les premières se soldent par un échec, il entre le 18 septembre 1789 au conseil municipal de Paris puis à l'Assemblée législative, dont il est président entre le 2 et le 19 février 1792, et à la Convention. Après la création des départements en 1790, qu'il accueille favorablement, il participe avec Sieyès à l'organisation des municipalités et des divisions territoriales.

En économiste averti, il tire à plusieurs reprises la sonnette d'alarme quant à l'état des finances de la France et aux risques que font courir la vente massive des biens nationaux confisqués à l'Église et l'émission abusive d'assignats (billets de l'époque). Mais sa plus grande réalisation en tant que député est la rédaction d'une nouvelle constitution. Entré au comité de constitution le 29 septembre 1792, il reprend dans son projet la Déclaration des droits de l'homme de 1789 et ses idées de liberté, de propriété, de sécurité et de résistance à l'oppression, et met en avant un nouveau fondement de la société à laquelle il aspire : l'égalité et le droit à l'instruction. Il fait de la liberté du commerce et de l'industrie un principe constitutionnel, de même que la limitation des pouvoirs. Ceux-ci doivent tous procéder de l'élection au suffrage universel par des citoyens et des citoyennes âgés d'au moins 21 ans, qu'ils soient Français ou étrangers résidant en France depuis au moins un an. Des municipalités aux instances judiciaires, des députés aux ministres, tous doivent être désignés par le peuple, qui dispose par ailleurs d'un droit de saisie des assemblées locales pour demander le réexamen d'une loi ou encore pour proposer des révisions constitutionnelles. Le pouvoir législatif est incarné par une chambre élue pour un an, tandis que l'exécutif est représenté par un gouvernement composé de sept ministres et doté d'une présidence tournante d'un an. Ce gouvernement est contrôlé à la fois par le corps législatif, qui peut le mettre en accusation, et par un jury élu par le peuple.

Mais cette constitution, présentée à l'Assemblée le 15 février 1793, jugée trop détaillée et surtout trop complexe du fait du recours incessant au vote populaire et de la durée restreinte des mandats, ne garantissant donc pas la stabilité politique et celle des institutions, est rejetée. Le grand projet politique de Condorcet, qui aurait pu être le point d'orgue de sa longue marche vers la démocratie et la république, est finalement l'instrument de sa perte.

RÉPERCUSSIONS

UNE FUITE SOUS LE SCEAU DE LA PENSÉE

Alors que les montagnards décident de mettre un terme à la suprématie des girondins sur l'Assemblée par la violence, Condorcet est lui-même mis en accusation le 8 juillet. Les rancœurs qu'il a soulevées contre lui, que ce soit celles de Marat (homme politique français, 1743-1793), vexé de son rejet de l'Académie des sciences une dizaine d'années plus tôt, ou de Robespierre (homme politique français, 1758-1794), qui lui reproche sa prise de position contre la mort du roi et pour la guerre, trouvent dans la prétendue exhortation à l'insurrection contre la constitution montagnarde écrite par Condorcet aux administrateurs de l'Aisne un prétexte pour le condamner. Il fuit alors son domicile le 9 juillet, prend le nom de Pierre Simon, et trouve refuge chez une amie, Rose Marie Vernet, la veuve du peintre Joseph Vernet (1714-1789). Sophie de Grouchy, quant à elle, habite à Auteuil dans un petit appartement, vivant des portraits qu'elle dessine.

Pendant sa retraite, il reprend la rédaction de l'*Esquisse d'un tableau historique des progrès de l'esprit humain*, dans lequel il décrit l'évolution de la pensée en neuf époques, la dernière constituant à la fois une histoire des Lumières et son propre testament politique. Il y expose le progrès de la science, des arts, de la politique et ses souhaits pour l'avenir, sa vision d'une société idéale reposant sur les facultés de l'esprit humain à se dégager de l'histoire pour créer les conditions nécessaires à sa réalisation.

En octobre, il est condamné à mort. De plus en plus isolé, craignant pour la vie de sa femme qui vient régulièrement le voir, de sa fille Eliza née au printemps 1789, de ses amis et finalement pour celle de son hôtesse, il sombre dans une dépression aggravée par son divorce. Demandé par Sophie, non par désaffection, mais pour la protéger elle et sa fille de l'étau de la justice et pour pouvoir disposer de l'héritage de sa mère alors qu'elle est dans une situation financière critique, il est prononcé en janvier 1794. Le 13 mars, il est déclaré hors la loi, ce qui le condamne à une exécution sans procès, la même peine étant prévue pour toute personne présumée complice.

Il quitte donc le domicile de Rose Marie Vernet le 24 mars 1794, contre l'avis de cette dernière, pour ne pas lui porter préjudice. Il se rend chez ses amis de jeunesse, les Suards, qui lui offrent un asile de quelques heures.

Affamé, dépenaillé, il erre ensuite de village en village, sans papiers, malgré la tentative de Jean-Baptiste Suard (écrivain français, 1732-1817) de lui en procurer, et s'arrête à Clamart dans une auberge. Son allure attire l'attention du tenancier, jacobin, et d'un autre client, membre d'une société populaire, qui le dénoncent au comité de surveillance. Ne pouvant prouver son identité (il se présente comme étant Pierre Simon, valet de chambre), il est incarcéré à Bourg-Égalité (Bourg-la-Reine) le 27 mars. Deux jours plus tard, il est retrouvé mort dans sa cellule. Son décès fait l'objet de plusieurs hypothèses : s'agit-il d'un suicide par absorption d'un poison contenu dans une bague, fourni par son ami et beau-frère Pierre Jean Georges Cabanis (médecin et philosophe français, 1757-1808) ? Il n'est cependant pas fait mention de ce bijou dans l'inventaire des biens établi après son décès et les symptômes de la mort ne semblent pas coïncider avec un empoisonnement. Reste alors la possibilité, probable au vu des derniers mois de vie de Condorcet, de l'accident vasculaire. Mais sans que l'on connaisse avec certitude les raisons de sa mort, son corps est jeté à la fosse commune.

Lors de la commémoration du bicentenaire de la Révolution en 1989, une cérémonie est dédiée à Condorcet au Panthéon, où une plaque à son nom est apposée.

Quelques mois avant celle-ci, lorsque le président de la République François Mitterrand (1916-1996) propose le transfert des cendres de Condorcet au Panthéon, celui-ci fait l'objet d'une question du sénateur Jacques Habert (1919-2012), qui soulève le problème du corps de Condorcet. Comment en effet transférer les cendres d'un corps disparu dans la fosse commune d'un cimetière qui n'existe plus ? Le ministre de la Culture de l'époque, Jack Lang (né en 1939), répond qu'il s'agit en fait d'un transfert symbolique et qu'il s'agit en fait de poser une plaque dans la crypte qui accueille déjà l'abbé Henri Grégoire (homme d'église et politique, 1750-1831) et le géomètre Gaspard Monge (1746-1818).

PÉRENNITÉ DES IDÉAUX DE CONDORCET

Si aucun des combats de Condorcet n'a vu son aboutissement dans les années de sa vie, il acquiert néanmoins une vraie reconnaissance tout au long des XIXe et XXe siècles. Dès 1795, une certaine forme de réhabilitation a lieu, quand l'Assemblée thermidorienne commande 3 000 exemplaires de l'Esquisse.

Ses travaux sur le système métrique et sur le cadastre vont inspirer les gouvernements successifs jusqu'à l'Empire ; l'esclavage finit par être aboli, temporairement d'abord puis définitivement en 1848, sous une Deuxième République marquée par la figure de François Arago (physicien et homme politique français, 1786-1853), admirateur de Condorcet et éditeur de ses œuvres. La Troisième République lui rend ses lettres de noblesse, avec, entre autres, les lois de Jules Ferry (homme politique français, 1832-1893) sur l'instruction laïque et gratuite (1879-1881). Ainsi, les idées politiques et philosophiques de Condorcet, partagées par bon nombre de penseurs de son époque, mais souvent trop complexes et peut-être précoces dans le contexte de la Révolution, ont néanmoins poursuivi leur chemin. À la fin du XXe siècle, outre sa célébration au Panthéon, des cercles Condorcet sont créés dans toute la France en 1987 par la Ligue française de l'enseignement et de l'éducation permanente, avec comme objectif de former des citoyens éclairés, et en 1994 le programme Condorcet propose des formations destinées aux élus.

Les mathématiques sociales, quelque peu méprisées par les hommes du XIXe siècle qui répugnaient à ramener le fait humain dans des cadres scientifiques, sont réhabilitées à partir des années cinquante, et le développement des statistiques dans les sciences sociales démontre le potentiel des travaux de Condorcet.

En philosophie, il inspire de nouveaux courants, comme le positivisme d'Auguste Comte (1789-1857). Ce dernier le reconnaît comme père spirituel, même si leurs positions se distinguent sur le rapport entre le progrès de l'esprit humain, l'histoire et le droit naturel. Ils partagent toutefois la conviction que le savoir est une force sociale, à condition qu'il constitue un système complet, et surtout la foi dans la marche, positive, optimiste, vers un dévoilement de l'esprit et donc vers une société meilleure.

UNE ŒUVRE DENSE, ENTRE RÉALISME ET IDÉALISME

Composée d'abord d'écrits mathématiques et de mémoires scientifiques, l'œuvre de Condorcet s'enrichit rapidement d'essais économiques, philosophiques et politiques. Elle se présente sous la forme d'ouvrages, de mémoires, de pamphlets, publiés sous son nom ou sous pseudonyme – certains ont même été attribués à Voltaire qui en a parfois pris ombrage –, ou encore d'articles de journaux. Certaines de ses œuvres ont été publiées de façon posthume par sa femme, puis compilées et rééditées au milieu du XIX siècle par son gendre, Arthur O'Connor (général et homme politique irlandais, 1763-1852) et par François Arago.

Dans tous ses textes, Condorcet défend une liberté fondée sur la propriété de son corps et de ses moyens de subsistance, et donc par extension la propriété des choses (terre, outil de travail, capital, etc.). C'est le même postulat qui fonde son discours contre l'esclavage et que l'on retrouve dans son projet de constitution. Mais sans préciser les limites des droits des propriétaires et l'exercice de leur liberté, il est rapidement confronté aux critiques qui lui reprochent de vouloir fonder une société inégalitaire, où les riches propriétaires auraient tout pouvoir d'exercer ce qu'il prétend être légitime au nom de la liberté et dénoncent l'appropriation et la jouissance de ce qui devraient être des biens communs. Cette remarque s'applique également à sa conception de la société, dans laquelle chacun doit avoir sa place, mais où les plus brillants constituent une élite à même d'éclairer ses concitoyens. Il s'inscrit ainsi dans la lignée des démocrates libéraux, convaincus que la nature, à condition de laisser les hommes être libres, tend à la réduction des inégalités et que la satisfaction de l'intérêt individuel sert celle de l'intérêt commun. Cette position libérale se retrouve dans sa conception de l'instruction : il ne s'agit pas de fonder une société d'excellence, mais que chacun réalise son parcours selon ses dispositions naturelles, qui ne sont pas égales. Au travers de ses écrits, Condorcet défend donc bien plus la liberté, l'indépendance et le droit égal pour tous d'y avoir accès, qu'une égalité stricte qu'imposerait la puissance politique, à l'encontre d'un ordre naturel fait de hiérarchies.

L'ensemble de son œuvre montre l'évolution et la complexité de la pensée de Condorcet. Il est en effet fréquent de le voir changer d'avis, au gré de ses lectures ou des événements. Ainsi, alors qu'il défend la paix dans de nombreux écrits des années 1780, approuve-t-il la guerre en 1792 afin de montrer la duplicité du roi et de libérer les peuples européens de leurs propres oppresseurs. Ses écrits sont parfois contradictoires, montrant souvent des tiraillements entre idéalisme et réalisme. Comme beaucoup de ses contemporains, à la charnière entre deux époques, il est encore empreint de la culture de l'Ancien Régime et bousculé par la précipitation des événements.

EN RÉSUMÉ

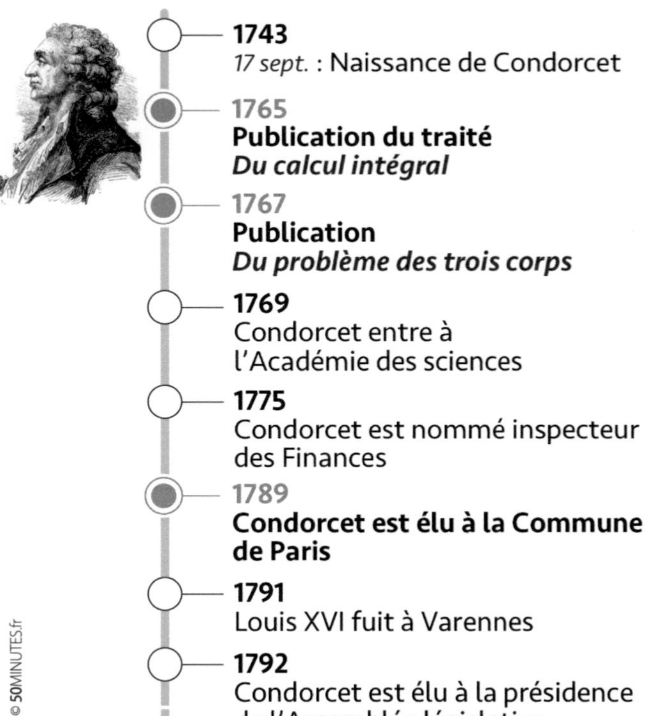

1743
17 sept. : Naissance de Condorcet

1765
Publication du traité
Du calcul intégral

1767
Publication
Du problème des trois corps

1769
Condorcet entre à
l'Académie des sciences

1775
Condorcet est nommé inspecteur
des Finances

1789
**Condorcet est élu à la Commune
de Paris**

1791
Louis XVI fuit à Varennes

1792
Condorcet est élu à la présidence
de l'Assemblée législative

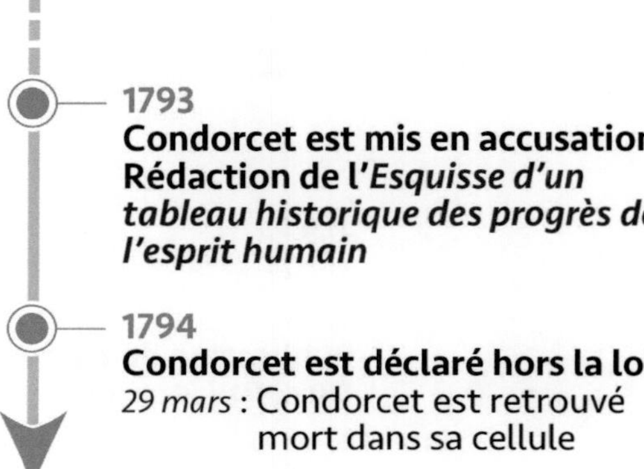

- Nicolas de Condorcet est né le 17 septembre 1743. Orphelin de père à la naissance, il est élevé par une mère et un oncle qui le destinent à une carrière militaire, et reçoit une éducation dispensée par les jésuites qui marquera profondément son esprit. Découvrant les mathématiques à l'âge de 15 ans, à son entrée au collège de Navarre à Paris, il embrasse, contre l'avis familial, une carrière de géomètre.

- Ses qualités le font remarquer des membres de l'Académie des sciences et de d'Alembert en particulier, auprès duquel il va fréquenter les plus éminents intellectuels des Lumières. Académicien à l'âge de 26 ans, il collabore ensuite à la réédition de l'*Encyclopédie.*

- Nommé inspecteur des Finances aux côtés de son ami Turgot en 1775, il met sur pied une réforme des poids et mesures ainsi qu'une commission chargée d'étudier les canaux fluviaux afin d'entamer une profonde réforme de l'économie.

- Dans le même temps, il développe une pensée politique fondée sur la liberté et l'égalité, défendant la suppression des servitudes, l'abolition de l'esclavage ou encore la liberté de conscience.

- En 1788, il épouse Sophie de Grouchy, qui tiendra l'un des plus brillants salons de l'époque révolutionnaire et qui jouera un rôle décisif dans l'élaboration et la diffusion de la conscience politique de son époux, en particulier par son travail de publication après la mort de Condorcet.

- En septembre 1789, Condorcet est élu à la Commune de Paris. En 1791, suite à la fuite du roi à Varennes, il réclame l'instauration de la république. Élu à l'Assemblée législative, puis président de celle-ci en 1792, il prend position pour une vraie refonte des finances, qui sont toujours au plus mal, pour le retour des émigrés et pour une guerre de défense du droit des peuples à disposer d'eux-mêmes. Au sein du Comité pour l'instruction publique, il propose un projet complet qui pose les fondations d'une instruction laïque et gratuite.

- En septembre 1792, il intègre le Comité de constitution et rédige celle qui doit présider à la destinée de la république française. Mais elle est rejetée par l'Assemblée, qui lui préfère le texte réalisé par les montagnards.
- Au moment de l'épuration des girondins par les montagnards à l'Assemblée, Condorcet, proche des premiers, est mis en accusation. Il prend la fuite et se cache jusqu'en mars 1794. Alors qu'il erre, sans papiers, de village en village, il est arrêté et emprisonné à Bourg-la-Reine. Il meurt dans sa cellule le 29 mars 1794.

Votre avis nous intéresse !
Laissez un commentaire sur le site de votre
librairie en ligne et partagez vos coups de cœur sur
les réseaux sociaux !

POUR ALLER PLUS LOIN

SOURCES BIBLIOGRAPHIQUES

- BADINTER (Elisabeth et Robert), *Condorcet, un intellectuel en politique*, Paris, Fayard, 1988.

- BIARD (Michel), BOURDIN (Philippe) et MARZAGALLI (Silvia), *1789-1815. Révolution, Empire, Consulat. Histoire de France*, Paris, Belin, 2009.

- BOSC (Yannick), « Liberté et propriété. Sur l'économie politique et le républicanisme de Condorcet », in *Annales historiques de la Révolution française*, octobre-décembre 2011, consulté le 25 novembre 2014. http://ahrf.revues.org/12215

- DECOTTE (Georges) et SANNAH (Hélène), *XVIIIe siècle. Itinéraires littéraires*, Paris, Hatier, 1989.

- FELDMAN (Jacqueline), « Condorcet et la mathématique sociale », in *Mathematics and Social Sciences*, consulté le 29 novembre 2014. http://www.ehess.fr/revue-msh/pdf/N172R955.pdf

- NICOLET (Claude), « Condorcet 1794-1994 », in *Mélanges de l'École française de Rome. Italie et Méditerranée*, consulté le 17 novembre 2014 http://www.persee.fr/web/revues/home/prescript/article/mefr_1123-9891_1996_num_108_2_4459

SOURCES COMPLÉMENTAIRES

- CLAUZADE (Laurent), « Auguste Comte et la naturalisation de l'esprit », in *Methodos*, consulté le 25 novembre 2014. http://methodos.revues.org/61

- GERMIER (Christophe), *Sociabilité savante et transmission des savoirs dans les éloges des académiciens de l'Académie royale des sciences par le marquis de Condorcet*, mémoire de Master 1, s. éd., Université de Grenoble, 2011.

- GILLARD (Lucien), « Condorcet, deux autres paradoxes ? », in *Annales. Histoire, Sciences Sociales*, consulté le 20 novembre 2014. http://www.persee.fr/web/revues/home/prescript/article/ahess_0395-2649_1996_num_51_1_410840

- « Jean Antoine de Condorcet », in *Dictionnaire des Journalistes*. http://dictionnaire-journalistes.gazettes18e.fr/journaliste/190-jean-antoine-de-condorcet

- LE CHAPELAIN (Charlotte), « L'instruction publique de Condorcet, progrès économique et réflexions sur la notion de capital humain », in *Revue économique*, Presses de Sciences Po, 2010.

50MINUTES.fr

ISBN ebook : 978-2-8062-5478-8
ISBN papier : 978-2-8062-5656-0
Dépôt légal : D/2015/12603/46
Photo de couverture : *Marie Jean Antoine Nicolas de Caritat, dit marquis de Condorcet* © L'image reproduite est réputée libre de droits

Conception numérique : Primento, le partenaire numérique des éditeurs